Steffen Raßloff

Kleine Geschichte der Stadt Erfurt

Rhino Westentaschen-Bibliothek
Band 45

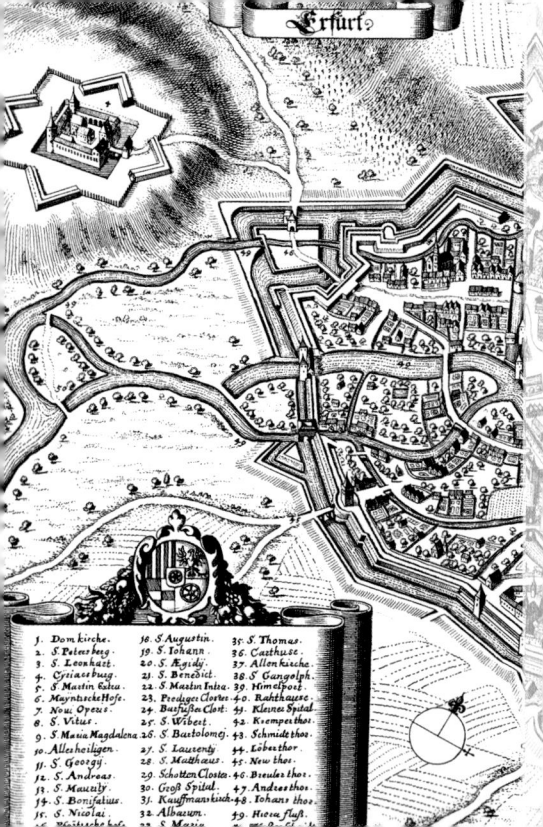

# Erfurt

Steffen Raßloff

# Kleine Geschichte

## der

# Stadt Erfurt

RHINOVERLAG

Trotz gewissenhafter Bearbeitung kann eine Haftung für den Inhalt nicht übernommen werden. Für aktuelle Ergänzungen und Anregungen ist der Verlag jederzeit dankbar.
Wir bedanken uns bei allen, die uns unterstützt haben.

**Fotos:** Alexander Raßloff, außer Seite 2/3: Matthäus Merian der Ältere; Seite 36: Thüringisches Landesamt für Archäologie und Denkmalpflege/Atelier Papenfuß; Seiten 64, 77: Andreas Praefcke (CC-BY 3.0); Seite 70: Dr. Lutz Gebhardt; Seite 78/79: TomKidd (CC-BY-SA 3.0); Seite 87: Kastner Pichler Architekten Köln

zu Abbildung Titel & Seite 2/3: Ansicht der Stadt Erfurt, aus: Matthaeus Merian (Hrsg.); Martin Zeiller: Topographia Superioris Saxoniae, Thüringiae, Misniae et Lusatiae, Frankfurt am Main 1650

*Der Autor Dr. Steffen Raßloff arbeitet als Historiker und Publizist in Erfurt.*

## Impressum

 © 2016 RhinoVerlag Dr. Lutz Gebhardt &
Söhne GmbH & Co. KG
Am Hang 27, 98693 Ilmenau
Tel.: 03677/46628-0, Fax: 03677/46628-80
www.RhinoVerlag.de

**Titelbild:** Matthäus Merian der Ältere
**Layout, Satz:** Verlag *grünes herz*®, Sibylle Senftleben
**Schrift:** Aldine401 BT
**Titelgestaltung:** Jana Rogge, Weimar

2. Auflage 2020
**ISBN: 978-3-95560-045-7**

# Inhaltsverzeichnis

# Vorwort

„Haupt des Thüringer Landes" – so bezeichnet Hartmann Schedel in seiner berühmten „Welt-chronik" von 1493 die Stadt Erfurt. Bis in die Zeit des Thüringer Königreiches im 6. Jahrhundert lässt sich diese herausragende Stellung zurückverfolgen. Die heutige Landeshauptstadt des Freistaates Thüringen blickt damit auf eine lange Tradition zurück, auch wenn sie diese Funktion offiziell erst im 20. Jahrhundert übernommen hat. Darüber hinaus gehörte Erfurt im Mittelalter zu den großen Metropolen des Reiches. Dank der weitgehend erhaltenen Altstadt um den imposan-

ten Domhügel kann man noch immer in diese Blütezeit abtauchen.

Die „Metropolis Thuringiae", die „Metropole Thüringens", gehörte zwar dem Mainzer Erzbischof, erlangte aber seit dem 13. Jahrhundert reichsstadtähnliche Autonomie. Das Handels- und Kulturzentrum an wichtigen europäischen Fernstraßen blühte vor allem dank des Blaufärbemittels Waid auf. 1379 erhielt Erfurt das erste Privileg für eine Universität im heutigen Deutschland, deren bekanntester Student und Lehrer

Martin Luther war. Mit dessen Eintritt ins Erfurter Augustinerkloster 1505 begann das Ringen um die Grundeinsichten der Reformation. Auch die jüdische Gemeinde hat unter anderem mit der ältesten erhaltenen Synagoge Mitteleuropas beeindruckende Spuren hinterlassen. Augustinerkloster und jüdisches Erbe können sogar Anspruch auf den UNESCO-Welterbe-Titel erheben.

Mit Beginn der Neuzeit war der Höhepunkt der Entwicklung vorerst überschritten. 1664 folgte die vollständige Unterwerfung unter Mainz. Zugleich wurzelt in dieser Epoche der Aufschwung des Erwerbsgartenbaus, der Erfurt später den weltweiten Ruf einer Blumenstadt einbringen sollte. Diesen kann die Stadt mit ihrem beliebten egapark dank der Bundesgartenschau 2021 erneuern. Die 800-jährige Bindung an Mainz endete 1802 mit dem Übergang an Preußen. Erfurt stieg zur modernen Industriegroßstadt auf, in der die SPD 1891 ihr wegweisendes Erfurter Programm verabschiedete. Das erste deutsch-deutsche Gipfeltreffen 1970 mit Willy Brandt rückte die Stadt nach Napoleons Fürstenkongress 1808 noch einmal in den Fokus der großen Geschichte.

*Blick aus der Tordurchfahrt des Petersberges zum Domhügel*

# Die Mittelaltermetropole

Die vielgerühmte „Metropolis Thuringiae" gehörte im Spätmittelalter (13.–15. Jh.) zu den größten Städten im Heiligen Römischen Reich deutscher Nation. Begünstigt von der Natur und der Lage an wichtigen Fernstraßen blühten Handel und Gewerbe. Martin Luther formulierte es so: „Erfurt steht am besten Orte, ist eine Schmalzgrube. Da müsste eine Stadt stehen, wenn sie gleich wegbrennete." Beeindruckende Bauwerke und ein reiches Kulturleben strahlten weithin aus, die Universität gehörte zu den führenden Hochschulen Europas. Weit von der Residenz ihres Landesherrn, des Erzbischofs und Kurfürsten von Mainz, entfernt gelegen, besaß die Bürgerschaft reichsstadtähnliche Autonomie.

Erfurt ragte als urbanes Zentrum aus einer vielgestaltigen politischen Landschaft in Thüringen heraus. Hatte das Hochmittelalter ganz im Zeichen der ludowingischen Landgrafen auf der Wartburg gestanden, so rückten an ihre Stelle als Nachfolger im Landgrafenamt 1247 die Wettiner. Die Markgrafen von Meißen bauten einen mächtigen, teils über das heutige Sachsen, Thüringen und Sachsen-Anhalt hinausreichenden Länderkomplex auf. 1423 wurden sie durch die Belehnung mit dem Herzogtum Sachsen-Wittenberg in den Kurfürstenstand erhoben. Erfurt war fast vollständig von wettinischem Territorium umgeben, die benachbarten Städte Weimar und Gotha gehörten zu deren bevorzugten Residenzen. Gleichzeitig hielt sich aber auch ein dichtes Netz konkurrierender Herrschaften, wie der Grafen von Schwarzburg und Reuß sowie der Reichsstädte Mühlhausen und Nordhausen.

## Metropole Thüringens

Der alte Zentralort Erfurt ragte also im spätmittelalterlichen Thüringen als Handels- und Kulturmetropole deutlich heraus. Aber bis zurück zum Königreich der Thüringer des 5. und 6. Jahrhunderts belegen reiche archäologische Funde eine exponierte Stellung des Raumes Erfurt. Im 8. Jahrhundert lässt sich dies dann auch aus den Schriftquellen ablesen. Der Aufstieg zum Handelszentrum an der namensgebenden Furt durch die Gera, einem seichten Flussübergang, wird greifbar in einem Kapitular Karls des Großen aus dem Jahre 805.

*Krämerbrücke*

Diese Urkunde bestimmte Erfurt zum Grenzhandelsplatz mit den Slawen. Soweit man zurückblicken kann, war Erfurt die größte Stadt Thüringens. Der Missionar Bonifatius nennt „Erphesfurt" in einem Schreiben an den Papst aus dem Jahre 742, das die erste urkundliche Erwähnung darstellt, bereits „eine Stadt heidnischer Bauern". Diese hatte er zum Sitz eines Bistums auserkoren. Auch wenn

*Neogotisches Rathaus am Fischmarkt*

das Bistum Erfurt bald aufgehoben und an Mainz angegliedert wurde, blieb die Stadt das religiöse Zentrum Thüringens.

Die Bürgerschaft mit einem Rat an der Spitze konnte seit der Mitte des 13. Jahrhunderts dem Mainzer Erzbischof, seit etwa 1000 auch weltlicher Landesherr Erfurts, weitgehende Autonomie abringen. Machtzentrum war das Rathaus am Fischmarkt mit seiner wertvollen Ausstattung, die heute im Stadtmuseum zu bewundern ist: Ratssilber, Setzschilde, Rundbilder, Glasfenster, eine große Armbrust und vieles andere. An seine Stelle trat im 19. Jahrhundert das neogotische Rathaus. Mit eigenen Truppen und einem großen Landgebiet von 83 Dörfern und Burgen sowie der Stadt Sömmerda bildete das „Land Erfurt" einen wichtigen Machtfaktor.

Dank des Reichslehens Wasserburg Kapellendorf (1352) kam Erfurt sogar, ohne die kurmainzische Landeshoheit formal abzustreifen, dem

**Quasi-Reichsstadt**

Status einer Reichsstadt sehr nahe. Als Symbol „ihrer Freyheit, so die Stadt von alten Zeiten her gehabt", steht seit 1591 der „Römer" – auch „Roland" genannt – auf dem Fischmarkt. Diese Stellung spiegelt sich ebenso in den zahlreichen Hof- und Reichstagen sowie wichtigen Ereignissen der Reichsgeschichte. So erfolgte 1181 in der Kirche des Petersklosters die Unterwerfung Heinrichs des Löwen unter Kaiser Friedrich I. Barbarossa, der von hier aus die Kämpfe gegen den Welfen geleitet hatte. 1289/90 führte Kaiser Rudolf von

Habsburg die Reichsgeschäfte von Erfurt aus und stellte dabei mit Unterstützung der Bürgerschaft den Landfrieden gegen die Raubritter wieder her. Grundlage dieser starken Position waren Handel und Messe am Kreuzungspunkt wichtiger Fernstraßen, insbesondere der westöstlichen Via Regia, der Königsstraße.

## Waid – Das „blaue Gold"

Wichtigstes Handelsgut bildete das begehrte Blaufärbemittel Waid, das „blaue Gold" von Erfurt. Die von zwei Mauerringen umschlossene Stadt zählte als mittelalterliche Großstadt bis zu 20.000 Einwohner. Nur wenige Städte im Reich, wie Köln, Nürnberg oder Straßburg, übertrafen Erfurt an Größe und Wirtschaftskraft. Symbolisch für die einstige Handelsmetropole steht die Krämerbrücke im Verlaufe der Via Regia. Die einzige

*Dom und Severikirche*

durchgängig mit Häusern bebaute Brücke nördlich der Alpen gehört zu den wichtigsten touristischen Attraktionen Erfurts und ist nach wie vor ein Ort lebhaften Handels.

An der Spitze der Kommune standen die großen Bürgerfamilien, meist Handelsunternehmer. Allen voran übten die Waidjunker, die europaweit einträgliche Geschäfte mit dem Färberwaid tätigten, maßgeblichen Einfluss im Stadtrat aus. Von deren Reichtum zeugen prächtige Bürgerhäuser, wie das „Haus zum Stockfisch" in der Johannesstraße, das heutige Stadtmuseum. Allerdings erlangten in mehrfachen, teils gewaltsamen Verfassungsänderungen auch wohlhabende Handwerker Zugang zum Rathaus. Die ärmeren Zünfte,

*Torso der Peterskirche auf dem Petersberg*

Handwerker, minderberechtigte Bürger und Stadtarme blieben von der kommunalen Herrschaft dagegen ausgeschlossen. Hierin spiegelt sich die extrem differenzierte Sozialstruktur der mittelalterlichen Stadt. Das Wohlstandsgefälle reichte von den wenigen reichen Waidhändlern, die für die Ausübung dieses lukrativen Gewerbes ein versteuertes Vermögen von mindestens 1.000 Gulden besitzen mussten, bis hin zu der breiten Schicht der Kleinhandwerker, Tagelöhner und Armen.

## Türmereiches Erfurt

Parallel zu seinem Aufstieg als autonome Handelsmacht entwickelte sich Erfurt auch zum weit über Thüringen ausstrahlenden Kulturzentrum. Das herausstechende äußere Merkmal war die Vielzahl der Türme. Martin Luther prägte hierfür das Wort von der „Erfordia turrita", dem „türmereichen Erfurt". Zu den nach Luthers Auffassung schier uneinnehmbaren Stadtbefestigungen mit ihren Toren und Wachtürmen kamen außergewöhnlich viele Kirchen. Vier Kollegiatstifte, elf Klöster, eine Hospitalkirche und 27 Pfarrkirchen zählte die Stadt. Die großen Klöster Thüringens hatten in

Erfurt ebenso Niederlassungen wie der Deutsche Orden und die Johanniter. Überragt wurde das „thüringische Rom" von den beiden imposanten Stadtkronen, dem Ensemble aus Mariendom und Severikirche auf dem Domhügel und der Peterskirche auf dem Petersberg.

An Stelle eines frühen Vorgängerbaus, der möglicherweise auf Bonifatius zurückgeht, entstand 1154–1182 der romanische Dom. Im Spätmittelalter erhielt er seine gotische Form. 1329 wurde der Domhügel durch Aufschüttungen und Steinbögen (Kavaten) erweitert. Hierauf entstand der Hohe Chor mit seinen beeindruckenden Glasfenstern. Das reich verzierte Triangelportal folgte 1330, 1455–1465 das spätgotische Langhaus. Der Dom besitzt zahlreiche wertvolle Kunstwerke, wie die Stuckmadonna und den Kerzenträger „Wolfram" (um 1160). Die 1497 gegossene „Gloriosa" ist die größte freischwingende mittelalterliche Glocke der Welt, die nur an hohen kirchlichen Feiertagen ihren majestätischen Klang verbreitet. Auf dem Domplatz finden heute neben dem traditionellen Markt zahlreiche Veranstaltungen von den Domstufenfestspielen bis hin zum Weihnachtsmarkt

das Licht leuchtet in der Finsternis

und die Finsternis hat es nicht erfasst

in diesem Dom MEISTER ECKHART 1260-1327

*Meister-Eckhart-Portal der Predigerkirche*

statt. Über Jahrhunderte war die romanische Klosterkirche St. Peter und Paul die zweite Stadtkrone. Der seit 1060 auf dem Petersberg ansässige Benediktinerorden hatte sie 1103 bis 1147 errichtet. Der imposante Kirchenbau besaß bis ins ausgehende Mittelalter sogar vier Türme. Allerdings wurde das Kloster in den Befreiungskriegen durch Beschuss am 6. November 1813 zerstört. Erhalten blieb nur ein Torso der Peterskirche, den die Preußen als Lagerhalle für ihre Garnison nutzten.

**Meister Eckhart**

Einen wichtigen Beitrag zur Entwicklung der Stadt haben die Bettelorden der Franziskaner, Dominikaner und Augustiner-Eremiten geleistet. Am südlichen Ufer der Gera nahe dem Rathaus konnten sich zuerst die Franziskaner ("Barfüßer") ab 1224 ansiedeln. Am nördlich gegenüber liegenden Ufer folgten ihnen 1229 die Dominikaner ("Prediger"). Ihre gewaltigen Klosterkirchen ragten deutlich heraus. Während die Predigerkirche seit der Reformation als evangelische Hauptkirche Erfurts gilt, fiel die Barfüßerkirche 1944 einem Bombenangriff zum Opfer. Die Augustiner konnten ab 1276 ebenfalls ein

*Gildehaus am Fischmarkt*

Kloster errichten. Die Bettelorden brachten große Theologen und Gelehrte hervor, darunter den Augustinermönch Martin Luther. Der Mystiker Meister Eckhart wirkte von 1294 bis 1311 als Prior und Provinzvikar im Predigerkloster. Im Zentrum seiner Theologie stand der unmittelbare Zugang zu Gott, der über intensive Kontemplation zu erreichen sei. Die Dominikaner wollten zugleich auf die Stadtbevölkerung religiös einwirken. Deshalb mussten sie als „Predigermönche" deren Sprache sprechen und nicht das unter Klerikern und Gelehrten gebräuchliche Latein. Meister Eckhart hielt seine ersten deutschen Predigten in Erfurt.

*Collegium maius in der Michaelisstraße*

# Die Universitätsstadt

Herzstück des mittelalterlichen Kulturzentrums war die Universität. Sie steht heute im Wettbewerb um den Titel als älteste Universität in Deutschland. Heidelberg beansprucht diesen, weil dort 1386 erstmals der Lehrbetrieb aufgenommen wurde – Erfurt, weil man dort 1379 das erste Gründungsprivileg erhalten hat. Jenes päpstliche Privileg kann nach neueren wissenschaftlichen Untersuchungen durchaus als „Geburtsurkunde" der „Alma mater Erfordensis" gelten. Auch Prag und Wien, als die ältesten Universitäten des Reiches, berufen sich auf ihre Privilegien von 1348 und 1365, obwohl der Lehrbetrieb erst später begann. Viele Traditionsuniversitäten halten es ebenso. Es ist also üblich, bei der Datierung einer Universität auf deren Gründungsprivileg zurück zu greifen.

Erfurt ist damit Sitz der ältesten, zugleich aber auch der jüngsten Universität Deutschlands. Das verweist auf die lange und wechselhafte Geschichte jener Hohen Schule, die 1994 als moderne Reformuniversität wiedergegründet wurde. Zwischen dem mittelalterlichen Bildungszentrum und dem ambitionierten Projekt der jüngsten Vergangenheit liegt freilich auch viel Schatten bis hin zur Schließung der Universität durch die Preußen 1816. Aber ihr Andenken blieb stets le-

*Michaeliskirche*

bendig, zumal in den 1950er-Jahren mit dem Philosophisch-Theologischen Studium, der Pädagogischen Hochschule und der Medizinischen Akademie wieder akademisches Leben in Erfurt einzog. Die beiden ersteren Hochschulen gingen als Fakultäten in der neuen Universität auf. Diese verbindet so jahrhundertealte Tradition mit lebendiger Gegenwart.

Im Stadtbild findet dies augenfällig im „lateinischen Viertel" der Altstadt und im modernen Campus an der Nordhäuser Straße seinen Ausdruck. Das Collegium maius (Großes Kolleg) in der Michaelisstraße ist eines der bedeutendsten

Kulturdenkmale der Stadt. Als einstiger Haupt-sitz der Universität steht es für das mittelalter-liche Wissenschaftszentrum. Hier schrieb sich 1501 mit Martin Luther der bekannteste Student und spätere Lehrer in das Matrikelbuch ein, das im Stadtarchiv erhalten ist. Die Vorgängergebäude wurden vermutlich seit der Aufnahme des Lehr-betriebes 1392 von der Universität genutzt und ausgebaut. Während des „Tollen Jahres von Er-furt" kam es 1510 bei Kämpfen zwischen Studen-ten und Bürgern zur Beschädigung des Kollegs. Beim anschließenden Wiederaufbau erhielt es seine spätgotische Gestalt mit dem markanten Kielbogenportal.

Rund um das Collegium maius entfaltete sich rasch ein reges geistiges Leben. Die Universität bot alle vier

**Älteste Universität Deutschlands**

mittelalterlichen Fakultäten. In der Philosophi-schen Fakultät studierte man zunächst die Sieben Freien Künste (septem artes liberales). Nach dem Trivium aus Grammatik, Rhetorik und Dialektik erlangte man den ersten Grad eines Baccalaureus Artium. Viele Studenten gaben sich schon mit dem

*Armenburse am Kreuzsand*

Bakkalar zufrieden. Das „Grundstudium" konnte man nach dem Quadrivium aus Arithmetik, Geometrie, Musik und Astronomie als Magister Artium abschließen. Nur wenige Magister wechselten nun an eine der drei höheren Fakultäten. An der Medizinischen Fakultät wurde fast nur Buchwissen antiker Autoren gelehrt. Mit Amplonius Rating de Berka gehörte ein bedeutender Mediziner und

Büchersammler der Universität an. Die Juristische Fakultät war das Prunkstück der Universität. Im „Bologna des Nordens" lehrten herausragende Juristen wie Henning Goede. Die Theologische Fakultät schließlich genoss im christlich geprägten Mittelalter das höchste Ansehen.

Ein Großteil des Universitätslebens spielte sich in den Kollegien und Bursen ab. Sie waren „Wohngemeinschaften" von Lehrern und Studenten, die kollektiv finanziert wurden. Der Begriff Burse leitet sich von Börse oder Beutel her, dem Geldbeutel. An ihrer Spitze stand ein Magister, dem eine Miete zu zahlen war. Nach der Einschreibung hatte sich ein Student für ein Kollegium bzw. eine Burse zu entscheiden. Statuten legten den klosterähnlichen Lebens- und Studienalltag genau fest. Allerdings wurden diese strengen Regeln wohl nicht immer eingehalten. Luther sprach sogar davon, dass die Erfurter Studenten ihre wichtigsten Lektionen im „Hurhaus und Bierhaus" gelernt hätten.

Im Zweiten Weltkrieg wurde das Collegium maius am 9. Februar 1945 bei einem Luftangriff zerstört. Damit hatte das „lateinische Viertel" sein Herzstück verloren. Dieser Verlust ließ die Erfurter aber nicht ruhen. In der DDR-Zeit wurde im Lutherjahr 1983 das Portal rekonstruiert. Nach 1989 trieb die heutige Universitätsgesellschaft Erfurt den Wiederaufbau voran. Seit 2011 nutzt die Evangelische Kirche in Mitteldeutschland das rekonstruierte Gebäude als ihren Verwaltungssitz. Hier spürt man auch, dass die Universität Erfurt eine echte Bürgeruniversität ist. Ihre Gründung ging zum einen vom Stadtrat der Mittelaltermetropole und zum anderen von der Universitätsgesellschaft aus. Letztere war 1987 als DDR-Bürgerbewegung entstanden, die auch der friedlichen Revolution 1989 wichtige Impulse verlieh.

**Adam Ries** Rund um das Große Kolleg erinnern noch viele weitere historische Bauwerke an die Universität. Mit ihren rund 1.000 Studenten zählte sie im 15. Jahrhundert zu den größten und angesehensten in Mitteleuropa. Die Michaeliskirche direkt gegenüber, in der auch Luther predigte, diente als Universitätskirche und erfüllt diese Funktion heute wieder. Auch einige der Kollegien und Bursen sind erhalten geblieben. Die bekannteste ist die Georgenburse in der Augustinerstraße, in der Martin Luther 1501 Quartier bezog. Sie dient heute als ökumenische Pilgerherberge mit einer historischen Ausstellung zu Luther und der Universität. Malerisch an der Gera gelegen ist die einstige Armenburse, die „Bursa pauperum", am Kreuzsand. Der gotische Fachwerkbau verweist auf Vorgängerformen unseres heutigen BAföG. Hier konnten mittellose Studenten bis zu fünf Jahre studieren und damit den Grad eines Magisters erlangen. Adam Ries war wenige Jahre nach Luther ebenfalls in Erfurt aktiv. Am „Haus zum Schwarzen Horn" in der Michaelisstraße 48 erinnert ein Denkmal an den legendären Rechenmeister. Hier befand sich die Druckerei, in der die ersten beiden Rechenbücher von Ries 1518 und 1522 gedruckt wurden. Erfurt genoss damals den Ruf eines bedeutenden Druckerei-

*Eulenspiegel*

zentrums. Manch anderer großer Gelehrter hat seine Spuren in Erfurt ebenso hinterlassen wie sagenhafte Gestalten. Till Eulenspiegel brachte zum großen Erstaunen der Professoren einem Esel das Lesen bei, während Faust den Studenten die mythologischen Figuren Homers vor Augen zauberte. Ein weiterer wichtiger Erinnerungsort ist die „Engelsburg" in der Allerheiligenstraße. Im Studentenzentrum mit Gaststätte, Café und stimmungsvollem Biergarten kann man in die Zeit des Erfurter Humanistenkreises um „Poetenkönig" Helius Eobanus Hessus abtauchen. Aus diesem Kreis gingen die „Dunkelmännerbriefe" (1515/17) hervor, die berühmteste humanistische Satire.

**Moderne Reform-universität**

Das moderne Gegenstück zum „lateinischen Viertel" in der Altstadt, dessen Name auf die damals übliche Gelehrtensprache Latein zurückgeht, ist der Campus an der Nordhäuser Straße. Am 1. September 1953 nahm hier das Pädagogische Institut Erfurt seinen Lehrbetrieb auf. Volksbildungsministerin Margot Honecker erhob es 1969 persönlich zur Pädagogischen Hochschule „Dr. Theodor Neubauer" Erfurt/Mühlhausen, benannt nach einem kommunistischen Widerstandskämpfer. Die PH zählte bis zu 2.500 Studenten. Leben und Lernen spielte sich auf einem Campus der kurzen Wege mit Lehrgebäuden, Wohnheimen, Sporteinrichtungen, Kindergarten, Mensa und Studentenclub ab. Hier siedelte sich die 1994 wiedergegründete Universität an. Der Campus mit seiner reizvollen Mischung aus denkmalgeschützter DDR-Architektur und modernen Bauten der Nachwendezeit bildet heute das Herzstück der Universität. Die rund 6.000 Studenten beleben spürbar die Stadt, die zusammen mit der Fachhochschule Erfurt über 10.000 angehende Akademiker zählt.

*Universitäts-Campus an der Nordhäuser Straße*

# Das jüdische Erbe

Zu den großen Schätzen der Erfurter Kulturgeschichte gehört das in jüngster Vergangenheit wiederentdeckte jüdisch-mittelalterliche Erbe, das ab 2021 auf die UNESCO-Weltkulturerbe-Liste gelangen kann. Das Besondere dabei sind nicht nur die aus jahrhundertelangem Dunkel aufgetauchten Baulichkeiten und Kunstschätze. Die Fundgeschichte selbst gehört mit zum Spektakulärsten, was die Archäologie zu bieten hat. Die Wiederentdeckung der Alten Synagoge nach der friedlichen Revolution 1989 ist das wohl aufregendste Beispiel. Man kann sich angesichts des schmucken Museums kaum noch vorstellen, dass die Synagoge bis in die 1990er-Jahre völlig verbaut einen langen Dornröschenschlaf schlief.

Heute ist die Alte Synagoge einer der Stars unter den Erfurter Kultureinrichtungen. Die Eröffnung des Museums mit dem Erfurter Schatz 2009 in der Waagegasse war begleitet von internationalem Medieninteresse. Mit ihren Bauteilen aus dem 11. Jahrhundert kann sie sich als älteste bis zum Dach erhaltene Synagoge in Mitteleuropa und

*Hochzeitsring*

einer der ganz wenigen, noch vorhandenen jüdischen Kultbauten des Mittelalters bezeichnen. Der Erfurter Schatz wiederum ist in Umfang und Zusammensetzung einmalig. Mit einem Gesamtgewicht von etwa 28 Kilogramm umfasst er Münzen, Schmuckstücke und Geschirr aus Gold und Silber. Das herausragende Stück stellt ein goldener, jüdischer Hochzeitsring dar.

Das prächtige Bauwerk verweist auf die Bedeutung der jüdischen Gemeinde vom 11. bis 14. Jahrhundert. Als einer der größten des Reiches gehörten ihr angesehene Kaufleute und Gelehrte an. Freilich unterlag sie den gleichen Anfeindungen wie alle Juden im christlich geprägten Mittelalter. Der blutige Pogrom von 1349 löschte denn auch die gesamte Gemeinde aus. Bittere Ironie der Geschichte ist es, dass ausgerechnet dieser Pogrom die Alte Synagoge vor der Zerstörung spätestens durch die Nationalsozialisten bewahrt hat. Über Jahrhunderte als Lagerhaus, Kneipe, Ballsaal und Kegelbahn genutzt, wurde das historische Gebäude als solches erst nach 1989 wiederentdeckt. Den Erfurter Schatz traf ein ähnliches Schicksal. Er war vermutlich von einem jüdischen Händler 1349 in seinem Haus in der Michaelisstraße versteckt worden und dort erst 1998 bei Bauarbeiten wieder aufgetaucht.

Das Museum Alte Synagoge vermittelt ein anschauliches Bild der jüdischen Gemeinde des Mittelalters. Im Erdge-

## Jüdischer Schatz von Erfurt

schoss wird die Bau- und Nutzungsgeschichte thematisiert, wobei das Gebäude selbst als wichtigstes Exponat fungiert. Anhand seiner Geschichte kann die Entwicklung der Gemeinde aufgezeigt werden. Der Schatz findet in den Kellergewölben eine beeindruckende Präsentation. Im Obergeschoss mit dem ehemaligen Ballsaal werden jüdische Schriften und Dokumente gezeigt. Hier finden auch die beliebten Erfurter Synagogenabende statt, veranstaltet von der Stadt und vom Erfurter Geschichtsverein. Vor dem Gebäude verweisen alte Grabsteine auf den ehemaligen jüdischen Friedhof in der Großen Ackerhofgasse.

*Mikwe an der Krämerbrücke*

Manchmal half bei den Entdeckungen auch Kollege Zufall. So im Falle der Mikwe, des rituellen Tauchbades der Gemeinde nördlich der Krämerbrücke am Kreuzsand. Es ist in schriftlichen Quellen seit dem 13. Jahrhundert erwähnt und wurde bis zur Vertreibung der jüdischen Gemeinde genutzt. Danach geriet das Tauchbad in Vergessenheit. Die Wohnhäuser am Kreuzsand wurden nach 1945 abgerissen und eine Grünanlage angelegt. Was blieb, war die befestigte Uferböschung, hinter der sich die Keller verbargen. Im Frühjahr 2007 brach jedoch ein Teil jener Ufermauer ein. Das Landesamt für Denkmalpflege entdeckte nach intensiven Grabungen die Mikwe. Das geschah in buchstäblich letzter Sekunde: nur einen Tag später sollten die Bauarbeiten für die Neugestaltung der Uferzone beginnen. Sofort waren sich Stadt und Denkmalpfleger über die Bedeutung des Fundes einig. Der moderne Schutzbau mit Einblick zum Tauchbecken konnte 2011 eingeweiht werden.

Jenes Ritualbad war mit Synagoge und Friedhof unerlässliches Element einer jüdischen Gemeinde im Mittelalter. Die Mikwe wurde

## Mikwe-Tauchbad

überwiegend von Frauen genutzt, weshalb auch vom „Frauenbad" die Rede ist. Sie diente zur rituellen Reinigung nach Berührung mit Toten, mit Blut oder anderem, in religiösem Sinne Unreinen. Frauen hatten deshalb regelmäßig etwa nach der Menstruation oder nach Geburten im Bad unterzutauchen. Auch Geschirr wurde hier symbolisch gereinigt. Die Mikwe musste von Quell- oder Grundwasser gespeist werden, welches durch die Nähe zur Gera ausreichend vorhanden war.

Eine wesentliche Voraussetzung für den UNESCO-Status ist es also, dass in Erfurt alle für eine mittelalterliche Gemeinde nötigen Einrichtungen vorhanden bzw. nachvollziehbar sind: die außergewöhnlich große und schmuckvolle Synagoge, das Mikwe-Ritualbad und der Friedhof neben dem Kornspeicher in der Großen Ackerhofgasse. Neuere Forschungen konnten ein klar umgrenztes jüdisches Wohnquartier von der Michaeliskirche bis zum Bereich östlich des Rathauses rekonstruieren. Juden lebten hier über Jahrhunderte Haus an Haus mit Christen. Wichtig ist aber sicher auch, dass das jüdische Leben in Erfurt nach den Verfolgungen des Mittelalters und der jüngeren Vergangenheit wieder Fuß gefasst hat.

## Jüdisches Leben heute

Nach dem Pogrom von 1349 war die jüdische Gemeinde 1458 endgültig aus der Stadt verschwunden. Erst um 1800 kamen wieder Juden nach Erfurt, die sich allmählich auch in die bürgerliche Führungsschicht herauf arbeiteten, wie etwa die Gartenbauunternehmer Benary. Sie schufen sich zunächst die Kleine Synagoge hinter dem Rathaus, ehe der prächtige Neubau am heutigen Juri-Gagarin-Ring 1884 errichtet wurde. In der Cyriakstraße entstand 1811 der Alte jüdische Friedhof, dem 1878 der Neue jüdische Friedhof neben der Thüringenhalle folgte. Erneut wurde das jüdische Leben im Dritten Reich nahezu völlig vernichtet und 1938 während der Reichspogromnacht die Große Synagoge zerstört. Nach 1945 siedelte sich erneut eine Gemeinde an und errichtete 1952 die Neue Synagoge anstelle der 1938 zerstörten. Hier ist heute die Jüdische Landesgemeinde Thüringen beheimatet. Ein weiterer, wichtiger Anlaufpunkt mit vielfältigem Veranstaltungsangebot ist die Begegnungsstätte Kleine Synagoge.

*Die Kleine Synagoge an der Stadtmünze*

*„Lutherpforte" am Augustinerkloster*

# Die Lutherstadt

Die Reformation gehört zu den großen geistigen Erneuerungsbewegungen auf der Schwelle zur Neuzeit um 1500; ihr Auslöser Martin Luther zählt zu den herausragenden Persönlichkeiten der Weltgeschichte. Und keine andere Stadt außer Wittenberg weißt eine vergleichbare Bedeutung für die Biographie des Reformators auf wie Erfurt.

Es ist die Stadt des Studenten und Magisters, des jungen Mönches und Priesters. Luther selbst umschrieb es so: „Die Erfurter Universität ist meine Mutter, der ich alles verdanke." Hier erfolgte mit dem Eintritt ins Augustinerkloster 1505 die entscheidende biographische Zäsur. Zugleich stellt die spätmittelalterliche Großstadt einen wesentlichen Erfahrungshorizont für den Theologen dar. Kurz, ohne den jungen Erfurter Luther wäre der Wittenberger Reformator nicht denkbar.

*Georgenburse*

Im Mai 1501 schrieb sich „Martinus Ludher ex Mansfeld" im Collegium maius in die Studentenmatrikel der Philosophischen Fakultät ein und war fortan Angehöriger der Universität Erfurt. Danach wählte er die Georgenburse in der Augustinerstraße und musste dort wie jeder Neuankömmling

(„Beanus") das deftige Ritual der „Depositio beanii" über sich ergehen lassen. Verkleidet als wildes Tier wurde er durch die Entfernung der Eselsohren, Schweinezähne, Hörner und Scheuklappen in den Kreis der Gebildeten aufgenommen, besiegelt durch ein Festmahl. Mit dem Baccalaureus Artium erlangte Luther 1502 seinen ersten akademischen Grad.

Er war nunmehr verpflichtet, auch als Dozent zu lehren. 1505 absolvierte Luther das Examen zum Magister Artium. Noch

### Student und Magister Luther

Jahrzehnte später erinnerte er sich dieses feierlichen Momentes: „Wie war es eine große Majestät, wenn man Magistros promovierte, und ihnen Fackeln vortrug, und sie verehrte; ich halte, dass keine zeitliche, weltliche Freude dergleichen gewesen sei."

Nun galt es nach dem Wunsch des Vaters das karriereträchtige Jura-Studium aufzunehmen. Am 2. Juli 1505 ereilte Luther jedoch auf dem Fußmarsch von seinen Eltern in Mansfeld zurück nach Erfurt nahe dem heutigen Vorort Stotternheim ein schweres Gewitter. Beim Einschlag eines Blitzes

*Lutherstein bei Stotternheim*

tat er in Todesangst den Schwur „Hilf du, heilige Anna, ich will ein Mönch werden!" Diesen Entschluss setzte Luther, sehr zum Ärger der Eltern und Freunde, als göttliche Fügung konsequent um und trat wenig später durch die „Lutherpforte" in das Augustinerkloster ein. So jedenfalls will es die ältere Geschichtsschreibung. Heute vermutet man einen längeren Prozess, der zur Hinwendung ins Religiöse führte. Sicher ist aber, dass mit dem Klostereintritt am 17. Juli 1505 die intensive Auseinandersetzung Luthers mit der Frage begann, wie er einen gnädigen Gott bekommen könne. Hier liegen die Wurzeln der lutherischen Theologie. In diesem Sinne kann man Blitz und Donner von Stotternheim durchaus als „Urknall der Reformation" bezeichnen. An den Ort des Geschehens erinnert seit

1917 ein Gedenkstein. Bis zu seinem Wegzug nach Wittenberg 1511 lebte Luther im Erfurter Augustinerkloster, das heute als international angesehene Tagungs- und Begegnungsstätte fungiert.

Dort begann er das Theologiestudium und las seine erste Messe. Auch der Dom, heute

**„Urknall der Reformation"**

Kathedrale des katholischen Bistums Erfurt, darf als Lutherstätte gelten. Hier erhielt Bruder Martin 1507 von Weihbischof Johannes Bonemilch von Laasphe seine Priesterweihe und wirkte als Theologie-Dozent.

Die Metropole Thüringens hatte auf den angehenden Studiosus großen Eindruck gemacht, als er 1501 nach Erfurt kam. Allerdings verbarg sich hinter der beeindruckenden Fassade eine Kommune, die in die Krise geraten war. In den Verträgen von Amorbach und Weimar 1483 musste die Landeshoheit des Mainzer Erzbischofs und die Schutzherrschaft des sächsischen Kurfürsten anerkannt werden, ohne allerdings die faktische Autonomie zu verlieren. Hinzu kamen hohe Zahlungsverpflichtungen, Kosten für Söldner und Stadtbefestigungen einschließlich der neuen Zitadelle Cyriaksburg (1480) sowie wirtschaftliche Schwierigkeiten. Dies führte zu einer ausweglosen Verschuldung. Sogar das Reichslehen Kapellendorf verpfändete man 1508 an den sächsischen Kurfürsten. All dies mündete in die Turbulenzen des „Tollen Jahres von Erfurt" 1509/10 mit dem Sturz des Rates.

Diese dramatischen Vorgänge waren verbunden mit Unruhe im religiösen Bereich. Das spätmittelalterliche Erfurt bildete eine „sakrale Gemeinschaft" in der sich religiöse und politisch-gesellschaftliche Sphäre aufs engste verbanden. Die Bürger forderten vom Klerus die Sorge um das Heil des Einzelnen wie der Kommune, was man sich mit Spenden und Stiftungen auch einiges kosten ließ. Nicht zuletzt die beeindruckenden Kirchenbauten wurden mit erheblichen Beiträgen der Bürgerschaft errichtet. Genau hier lag aber auch das Konfliktpotenzial, verloren doch viele Zeitgenossen zunehmend das Vertrauen in die verweltlichte Papstkirche. Hinzu kam, dass man die Spitze der Kirchenhierarchie mit dem Weihbischof und dem Stift St. Marien auf dem Domberg als Vertreter des erzbischöflichen

*Wandbild zum „Tollen Jahr" 1509/10 im Rathausfestsaal*

Landesherrn ansah. Zudem pochten die Geistlichen auf ihre Privilegien wie Steuerfreiheit und Befreiung von Bürgerpflichten.

In jene Zeit der politischen, sozialen und religiösen Unruhe fällt das epochale Wirken Martin Luthers, das ohne seine Jugendzeit in Erfurt nicht denkbar wäre. Dies gilt auch unbeschadet der Erkenntnis, dass sich Luther hier noch kaum vom überlieferten Glauben und seinen Praktiken abwandte. Auch die Schilderungen über seine verzweifelte, selbstquälerische „Möncherei" im Augustinerkloster bedürfen wohl der Relativierung. Gleichwohl muss man das intensive geistige Ringen des jungen Mönches und Theologen seit seiner Erfurter Zeit keineswegs in Abrede stellen. Wann es sich konkret in die reformatorische Richtung bewegte und wann der Durchbruch, etwa in Form des legendären Wittenberger „Turmerlebnisses" erfolgte, ist umstritten. Es mündete jedenfalls in die Überzeugung, dass der Mensch nur durch den Glauben an einen „gnädigen Gott" und nicht durch kirchliche Vermittlung (Ablassbriefe) oder durch gute Taten („Werkgerechtigkeit") Erlösung erlange.

## Reformation

Am Beginn der Reformation stand der legendäre Anschlag der 95 Thesen Luthers gegen den Ablasshandel an die Schlosskirche zu Wittenberg am 31. Oktober 1517. Zunächst waren die Thesen als zeitüblicher Aufruf zur wissenschaftlichen Diskussion gedacht und mit einem Schreiben an Albrecht von Brandenburg, Erzbischof von Mainz und Magdeburg, versehen. In dessen Landen war der berüchtigte Ablasshändler Johann Tetzel sehr zum Unwillen Luthers aktiv. Die Thesen bekamen rasch den Charakter eines Fanals für jene theologische Erneuerungsbewegung, die sofort auch die politische Ebene erfasste. Da Albrecht nicht reagierte, verschickte Luther seine

*Augustinerkloster mit Bibliotheksneubau*

Thesen an Freunde und Bekannte, darunter auch an den einstigen Mitbruder und Freund Johannes Lang, den „Reformator Erfurts". Schon am 11. November gingen die Thesen ans hiesige Augustinerkloster, von wo sie sich wie ein Lauffeuer in der Stadt verbreiteten.

*Lutherdenkmal von Fritz Schaper
vor der Kaufmannskirche am Anger*

Rasch fand die lutherische Theologie Anhänger. Der Aufenthalt auf der Reise von Wittenberg zum Reichstag in Worms im April 1521 wurde zum wahren Triumphzug. Schon vor den Toren der Stadt feierlich empfangen, predigte Luther in der überfüllten Augustinerkirche. Wenige Monate später entlud sich die Stimmung gegen den Klerus im gewaltsamen „Erfurter Pfaffensturm". Auf dem Höhepunkt des Bauernkrieges im Mai 1525 erklärte sich Erfurt für unabhängig und setzte die Reformation voll durch. Allerdings blieb dies Episode. Schon 1526 fügte man sich Mainz wieder und holte die vertriebenen Geistlichen zurück. Dies geschah nicht zuletzt in der Furcht, nun vom evangelischen Schutzherrn Sachsen vereinnahmt zu werden. Im Hammelburger Vertrag 1530 zwischen Stadt und Erzbischof wurde erstmals, lange vor dem Augsburger Religionsfrieden von 1555, das Nebeneinander von evangelischer und katholischer Konfession dauerhaft festgeschrieben.

Dies hat auch dazu beigetragen, dass Erfurt heute sowohl Amtssitz der Evangelischen Kirche in Mitteldeutschland, als auch Zentrum des katholischen Bistums Erfurt ist. Wohl nicht zufällig trafen sich am 23. September 2011 EKD-Ratsvorsitzender Nikolaus Schneider und Papst Benedikt XVI. im Augustinerkloster zum weltweit beachteten ökumenischen Spitzentreffen. Die meisten Erfurter sahen sich hierbei freilich im doppelten Wortsinne in der Zuschauerrolle, bekennt sich doch nur noch ein Fünftel von ihnen zum christlichen Glauben. Dennoch ist Martin Luther als historische Persönlichkeit nicht nur mit Fritz Schapers Denkmal auf dem Anger von 1889 sehr präsent.

## Nebeneinander der Konfessionen

Für das ökumenische Miteinander in der Lutherstadt steht der 10. November, an dem die Erfurter mit ihren Kindern im Schein von Lampions auf dem Domplatz „Martini" feiern. Das Martinsfest erinnert sowohl an den katholischen Stadtheiligen Martin von Tours, als auch an Martin Luther.

Nach der „heißen Phase" der Reformation sollte nach dem Willen des Rates konfessionelle Ruhe einkehren, wenngleich die Protestanten ein klares Übergewicht in der Bevölkerung gewannen. Die Koexistenz mit den Katholiken ist dabei keineswegs nur als Misserfolg zu verstehen. Das „Tragen auf beiden Schultern" galt verantwortungsbewussten Stadträten als wichtige Voraussetzung für inneren Frieden und außenpolitische Stabilität. Die Stadt hatte sich gegenüber dem katholischen Landesherrn Mainz ebenso zu behaupten wie gegenüber dem evangelischen Schutzherrn Sachsen; das Verhältnis zum Kaiser und den katholischen Reichsständen war ebenso wichtig wie das zu den evangelischen Fürsten. So trat Erfurt auch keinem der großen konfessionellen Bündnisse bei. Im Inneren galt es Auseinandersetzungen zu vermeiden, in die sich die auswärtigen Mächte gerne einmischten. Einheit und Autonomie der Bürgerschaft wurden als höchste Werte beschworen. So gelang es Erfurt, auch dank einer wirtschaftlichen Spätblüte bis ins frühe 17. Jahrhundert, seine Autonomie in bewährtem Lavieren zwischen Mainz und Sachsen zu behaupten.

*Gustav-Adolf-Denkmal an der Predigerkirche*

# Die kurmainzische Stadt

Die Spätblüte der Handels- und Kulturmetropole welkte mit dem Dreißigjährigen Krieg 1618–1648 rasch dahin. Erfurt bekam die Folgen des verheerenden Krieges zu spüren, vor allem der Handel kam fast völlig zum Erliegen. Zugleich fiel dies mit dem Niedergang des Waidhandels zusammen. Als frühes „Globalisierungsopfer" unterlag er endgültig billigeren Farbstoffen, wie dem überseeischen Indigo. Damit verstärkte der Krieg negative Entwicklungen, wie die Verlagerung der europäischen Handelswege und den Aufschwung des kursächsischen Leipzigs als neues Handels- und Messezentrum. Am Kriegsende war der Wohlstand drastisch gesunken, die Einwohnerzahl von 19.000 auf 13.500 gefallen.

Der zwischen Protestanten und Katholiken entbrannte Konflikt um die Königskrone von Böhmen, ausgelöst vom Prager Fenstersturz 1618, berührte Erfurt zunächst nur am Rande. Mit seiner strikten Neutralität hoffte es, aus den Kämpfen heraus gehalten zu werden. Plünderungen konnten um den Preis hoher Kontributionen verhin-

*Kommandantenhaus der Zitadelle Petersberg*

dert werden. Mit einer kurzen Unterbrechung waren schließlich die Schweden die Herren der Stadt (1631–1635 und 1637–1650). König Gustav II. Adolf galt auch in Erfurt als der große „Retter des Protestantismus", dem die Erfurter bei seinen Besuchen 1631–1632 zujubelten. Dies hatte auch ganz handfeste Gründe. Die Machtübernahme des populären Schwedenkönigs gab den Hoffnungen neue Nahrung, die Landesherrschaft des Kurfürstentums Mainz endgültig abzustreifen und die Reformation gänzlich durchzusetzen.

Der Tod Gustav Adolfs in der Schlacht bei Lützen am 16. November 1632 traf so nicht nur seine in Erfurt weilende Gemahlin als schwerer Schicksalsschlag. Trotzdem nährten die Schweden weiter Hoffnungen auf künftige Unabhängigkeit als Reichsstadt. Diese Bestrebungen scheiterten jedoch bei den Verhandlungen zum Westfälischen Frieden von Münster und Osnabrück 1648. Nach langjährigen Reibereien mit dem Mainzer Erzbischof und dem Kaiser musste sich die Stadt im Oktober 1664 nach militärischer Belagerung Erzbischof Johann Philipp von Schönborn beugen. Damit endete die rund vierhundertjährige Epoche als autonome Quasi-Reichsstadt.

Die Zeit nach der „Reduktion" („Rückführung") 1664 war gekennzeichnet durch die Unterwerfung unter das absolu-

## Mainzer Unterwerfung 1664

tistische Regiment des Erzbischofs. Gipfel einer Reihe von Zeremonien war die Erbhuldigung von Rat und Bürgerschaft vor den Domstufen am 28. Oktober 1664. Aus den stolzen Bürgern der „Metropolis Thuringiae" wurden nun kurmainzische Untertanen. Die Stadt verlor ihr Landgebiet

*Angermuseum im kurmainzischen Waage- und Packhof*

und große Teile der Selbstverwaltung. Oberste Behörde war die kurmainzische Regierung, der ein Statthalter vorstand. Mit der politischen Unterwerfung sank trotz der Bemühungen einiger Statthalter auch die wirtschaftliche Bedeutung. Die einstige Mittelaltermetropole von fast 20.000 Einwohnern zählte am Ende des 18. Jahrhunderts gerade wieder 17.000 Seelen in ihren Mauern.

Ein Mittel der Herrschaftssicherung des Mainzer Kurfürsten war die von 1665 an errichtete Zitadelle auf dem Petersberg. Lange hat man diese gewaltige barocke Festungsanlage in erster Linie als Machtdemonstration gegenüber der Bürgerschaft interpretiert. Das bis 1727 fertiggestellte militärische Verteidigungsbauwerk hatte aber auch eine hohe außenpolitische Bedeutung für Mainz und die katholischen Mächte im Reich. Es sollte ihre schwache Position in Thüringen und mit Blick auf das protestantische Nordostdeutschland sichern helfen. Hierzu dienten auch eine Mainzer Garnison und kaiserliche Truppen.

Neben der bis heute stadtbildprägenden Zitadelle Petersberg waren einige Statthalter bestrebt, ihre „Residenz" repräsentativ auszubauen. 1705–1711 entstand zunächst der Waage- und Packhof am Anger, das heutige Angermuseum. Wenig später folgte die Statthalterei am Hirschgarten (1711–1720), die heutige Thüringer Staatskanzlei.

Der bedeutendste unter den Statthaltern war der spätere Erzbischof und Fürstprimas des Rheinbundes, Karl Theodor

## Dalberg-Zeit

von Dalberg. Der geistvolle, Kultur und Religion sehr zugetane Adlige konnte in Erfurt seine

Vorstellungen einer humanen, der Wohlfahrt der Untertanen dienenden Herrschaft ausleben. Er erwarb sich rasch die Achtung der Erfurter. Dies erklärt sich insbesondere durch sein Wirken im kulturellen Bereich. Er unterstützte die Universität und die 1754 gegründete Akademie gemein-

*Kurmainzische Statthalterei, heute Sitz des Thüringer Ministerpräsidenten*

nütziger Wissenschaften. Am deutlichsten lässt sich die aufgeklärte Haltung an den sogenannten Assembleen ablesen. Jeden Dienstag lud Dalberg alle „anständig gekleideten" Bürger und Gäste der Stadt zu geselligen Empfängen in die Statthalterei ein.

Seine große Ausstrahlung verdankte der Dalberg-Kreis besonders der Nachbarschaft zur Residenzstadt Weimar, die in jener Zeit ihr „Goldenes Zeitalter" als Zentrum der klassischen deutschen Literatur erlebte. Johann Wolfgang Goethe zog es seit 1776 als Gesandter des Weimarer Herzogs oft nach Erfurt, von wo er nicht nur seinen Wein

*Haus Dacheröden am Anger*

bezog. Zwischen ihm und seinen weimarischen Schriftstellerfreunden entwickelte sich eine enge Beziehung zu Dalberg. Auch Wilhelm von Humboldt gehörte zum Dalberg-Kreis. 1791 heiratete er im „Haus Dacheröden" am Anger Caroline von Dacheröden, die Tochter des Akademie-Präsidenten und Dalberg-Freundes Karl Friedrich von Dacheröden. Friedrich Schiller war ebenfalls ein gern gesehener Gast bei Dacherödens. Caroline bahnte die Bekanntschaft Schillers mit Charlotte von Lengefeld an, deren Verlobung 1789 am Anger stattfand.

Die „Dalberg-Zeit" bildete so den vom Wirken der charismatischen Statthalter-Persönlichkeit überstrahlten Abgesang der kurmainzischen Epoche, die in der von der Französischen Revolution ausgelösten großen Umbruchphase an der Schwelle zum 19. Jahrhundert endete. 1988 knüpften Erfurt und Mainz mit dem Abschluss einer Städtepartnerschaft wieder an ihre lange gemeinsame Geschichte an. Besonders während der turbulenten Jahre nach 1989 konnte diese Partnerschaft mit Leben erfüllt werden und besteht bis heute.

*Im egapark*

# Die Blumenstadt

Aushängeschild der Blumenstadt Erfurt ist der egapark, Herzstück der Bundesgartenschau 2021. Das beliebte Garten- und Ausstellungsgelände im Südwesten der Stadt war 1961 als „iga",

ls „1. Internationale Gartenbauausstellung der
ozialistischen Länder" eröffnet worden. Die
uf eine lange Tradition von Gartenbauausstel-
ungen aufbauende iga spielte für den Ruf der
Blumenstadt eine zentrale Rolle. Hier spiegelte
ich von Anfang an auch die weit zurückreichen-

*Deutsches Gartenbaumuseum im egapark*

de Geschichte als Waid- und Gartenbaustadt.
Diesem Thema nahm sich insbesondere das in
der Cyriaksburg beheimatete Gartenbaumuseum an. Seit 2000 übt es als neu konzipiertes
Deutsches Gartenbaumuseum eine große An-
ziehungskraft auf Fachwelt und interessierte
Besucher aus. Das Waidmühlrad vor dem Mu-
seumsgebäude verweist auf die Geschichte als
Waidstadt. Im und um das Museum lassen sich,
integriert in eine Rundumschau der weltweiten
Gartenbaugeschichte, viele Facetten der Blumenstadt Erfurt bis ins Mittelalter zurück verfolgen.

Der einst international verbreitete Beiname stammt zwar aus dem 19. Jahrhundert, aber die Erfurter Geschichte ist seit langem eng mit Pflanzen und deren Verarbeitung verbunden.

Im Mittelalter bildete das Blaufärbemittel Waid eine wichtige Grundlage für Wohlstand und Macht der thüringischen Metropole.

## Waid-Metropole

Vom 13. bis 16. Jahrhundert gehörte es wie das südfranzösische Toulouse zu den wichtigsten Waidstädten Europas. Sogar über den allgemeinen Niedergang des Waidhandels hinaus erlebte Erfurt eine Spätblüte bis ins frühe 17. Jahrhundert. Allerdings beherrschte der Färberwaid die Erfurter Wirtschaft keineswegs im Sinne einer Monokultur. Erfurt war neben seinem vielgestaltigen Handel und Handwerk auch Zentrum eines intensiv genutzten gartenbaulichen und landwirtschaftlichen Umfeldes. Nicht ohne Grund hat Martin Luther Erfurt als „Gärtner des Reiches" bezeichnet, spielten auch Gärten im Mittelalter bereits eine wichtige Rolle. Sogar innerhalb der Stadtmauern gab es mit dem Brühl einen bis ins 19. Jahrhundert überwiegend gärtnerisch genutzten Stadtteil.

*Christian-Reichart-Denkmal in der Pförtchenanlage*

Im 18. Jahrhundert begann, eng verbunden mit dem Namen Christian Reichart (1685–1775), der Aufschwung des modernen Erwerbsgartenbaus. Als Autor zahlreicher Publikationen und aufklärerischer Praktiker erwarb sich Reichart große Verdienste. Er machte nicht nur den aus Zypern stammenden Blumenkohl heimisch, sondern kultivierte im Dreienbrunnenfeld die bis heute als Spezialität sehr beliebte Brunnenkresse. Zugleich galt Reichart mit seinen vielen Funktionen in Gesellschaft und Kommunalpolitik als Vorbild, dem man 1867 das erste Denkmal für einen Bürger der Stadt etzte. Einst an zentraler Stelle am ihm zu Ehren benannten Reichartplatz (Karl-Marx-Platz) errichtet, steht es heute in der Grünanlage an der Pförtchenbrücke. Erfurt wurde dank Reichart und seiner immer zahlreicheren Gärtnerkollegen zu einem Zentrum des Gartenbaus in Deutschlands. Dies wusste auch der Dichterfürst Goethe im nahen Weimar zu schätzen. Der Gartenliebhaber und Mitgestalter des Ilmparks beschäftigte sich intensiv mit Reicharts Hauptwerk, dem „Gartenschatz".

## Blumenstadt von Weltrang

Der Erfurter Erwerbsgartenbau erreichte im 19. und 20. Jahrhundert seinen Höhepunkt. Die großen Gartenbaudynastien – Haage, Schmidt, Benary, Heinemann, Chrestensen – erlangten um 1900 Weltgeltung. Mit ihren innovativen Produkten waren sie rund um den Globus präsent und errangen in einzelnen Bereichen, wie etwa dem Samenhandel, eine Führungsstellung. Auf den großen Gartenbau- und Weltausstellungen wurden Erfurter Unternehmen mit zahlreichen Auszeichnungen gewürdigt. Auch in der gesellschaftlichen Führungsschicht der Stadt spielten die Garten-

bauunternehmer, organisiert im Gartenbauver-
ein (1838), eine wichtige Rolle. Obwohl mit ca.
4 Prozent der Arbeiterschaft längst deutlich hinter
den führenden Industriezweigen Metall, Textil,
Schuhe, Lebensmittel zurückliegend, war der Gartenbau dennoch ein profilprägender Wirtschafts-
zweig. Er hatte der Blumenstadt „einen weit über
die Grenzen des deutschen Vaterlandes hinaus
reichenden Ruf erworben" (Hans Haupt, 1908).
Symbolträchtig brachte dies die Stadt 1890 im Monumentalbrunnen am Anger zum Ausdruck, der
die beiden ökonomischen Stützen des Gemeinwe-
sens allegorisch darstellt. Neben einer männlichen
Figur, die für Industrie und Handwerk steht, erinnert die „Flora" als Sinnbild des Gartenbaus an die
Blütezeit der Blumenstadt Erfurt.

Die Geschäftshäuser der Gartenbauunterneh-
men, ihre ausgedehnten Betriebsgelände, Ge-
wächshäuser und Blumenfelder prägten zudem
das Stadtbild. Man muss sich Erfurt in dieser Zeit
geradezu als Insel in einem „Meer von berau-
schend duftenden, in allen Farben leuchtenden
Blüten: Rosen und Veilchen, Reseden, Levkojen
und Tulpen, Balsamienen" vorstellen, wie es der

*Stadtparktreppe*

Schriftsteller Karl Emil Franzos 1901 beschrieben hat. Der Gartenbau wurde zunehmend auch zum Imagefaktor im aufstrebenden Fremdenverkehr. Große Gartenbauausstellungen seit Mitte des 19. Jahrhunderts untermauerten Erfurts Ruf. Den spektakulären Auftakt bildete die „Allgemeine deutsche Ausstellung von Produkten des Land- und Gartenbaues" mit internationaler Beteiligung 1865, die als eine Art „Ur-BUGA" gilt. Ihr folgten zahlreiche weit über Thüringen und Deutschland ausstrahlende Veranstaltungen.

Parallel trug die Entwicklung des Stadtgrüns eben- falls nachhaltig zur modernen Urbanität und zum spezifischen Image Erfurts bei. Insbesondere auf dem Areal der ab 1873 beseitigten Stadtbefestigungen und im Erweiterungsgebiet der pulsierenden Industriegroßstadt entstanden anspruchsvolle Grünanlagen und Parks. Herzstück dieses Grünzugs wurde der 1908 eingeweihte Stadtpark auf der Daberstedter Schanze mit seiner imposanten Treppenanlage zum Hauptbahnhof. Zur Blumenstadt Erfurt gehört schließlich auch die Tradition der Gartenbaubildung bis hin zur heutigen Fakultät Landschaftsarchitektur, Gartenbau und Forst der Fachhochschule Erfurt, die aus der Ingenieurschule für Gartenbau „Christian Reichart" hervor ging. Selbst schon wieder auf eine lange Geschichte zurückblicken kann der egapark. Auf dem seit der Entfestigung Erfurts und besonders seit den 1920er-Jahren zur öffentlichen Grünanlage umgestalteten Gelände an der Cyriaksburg fand bereits 1950 die große Gartenschau „Erfurt blüht" statt.

**iga, ega** Nach Empfehlungen des östlichen Wirtschaftsbündnisses RGW und der DDR-Regierung sollte Erfurt zum Zentrum für Gartenbauausstellungen werden. Auf dem in Richtung Westen erweiterten Areal an der Cyriaksburg eröffnete am 28. April 1961 die „iga '61". Sie war „Lehrschau" und „Bildungszentrum des sozialistischen Gartenbaus". Nach erfolgreichem Start wurde die iga als größte Veranstaltung ihrer Art im „Ostblock" verstetigt. Zugleich war sie von Beginn an eine besondere Attraktion der DDR-Bezirksstadt. In der ersten Saison lockte sie 3,5 Mio. Besucher an. Für die Erfurter

*Aufbauhelfer-Denkmal*
*im egapark*

stellte die iga das beliebteste Freizeitareal dar, an dessen Errichtung sie im Rahmen des Nationalen Aufbauwerks (NAW) erheblichen Anteil hatten. Das Denkmal „Aufbauhelfer" von Fritz Cremer vor dem Haupteingang erinnert an die 364.000 freiwilligen Arbeitsstunden.

Friedliche Revolution und deutsche Wiedervereinigung 1989/90 brachten für die iga einen tiefen Einschnitt. Anfang der 1990er-Jahre stand die Existenz der bisher vom DDR-Landwirtschaftsministerium getragenen Einrichtung gänzlich in Frage. 1994 kam es zur Teilung des Geländes, auf dessen westlichem Teil das MDR-Landesfunkhaus und die Messe Erfurt entstanden. Der verkleinerte egapark (ega = Erfurter Garten und Ausstellungs GmbH) ging in die Verantwortung der Stadt über und wurde stärker auf den Freizeitbereich orientiert. Es kamen viele neue Angebote von Pflanzenschauhäusern und Japanischem Garten bis hin zum Kinderbauernhof hinzu. Bei alledem hat sich der Charakter der iga '61 weitgehend erhalten. Sie zählt als eingetragenes Denkmal zu den „wenigen künstlerisch unumstrittenen und anspruchsvoll gestalteten Gartenanlagen" der DDR. Auf ihren Schöpfer Reinhold Lingner geht das weitgehend erhaltene Ensemble von großem Blumenbeet und Ausstellungshallen, von Springbrunnen, Wasserachse und vielen weiteren charakteristischen Details zurück.

**Bundesgartenschau 2021**

Dieses einzigartige Gartendenkmal darf bis zur BUGA 2021, die auch die imposante Zitadelle Petersberg und die nördliche Geraaue aufwerten soll, auf weitere Attraktionen und viele Besucher hoffen. Schon jetzt ist der egapark das beliebteste Tourismusziel in Thüringen. Zusammen mit dem Deutschen Gartenbaumuseum trägt er maßgeblich dazu bei, den Ruf Erfurts als Blumenstadt zu erneuern. Ihren Beitrag hierzu leisten auch die

*Monumentalbrunnen am Anger mit Göttin „Flora"*

Fachhochschule Erfurt, die Lehr- und Versuchsanstalt Gartenbau (LVG) und weitere Forschungseinrichtungen, Traditionsunternehmen des Gartenbaus wie N. L. Chrestensen und Kakteen-Haage, anspruchsvolle historische und neue Grünanlagen, Erfolge in Wettbewerben wie „Entente Florale Deutschland" sowie ein ausgeprägtes Traditionsbewusstsein und Stadtmarketing.

# Die moderne Großstadt

In den vergangenen zwei Jahrhunderten hat sich Erfurt zur modernen Metropole Thüringens gewandelt. Am Beginn steht eine tiefe Zäsur der Geschichte der Stadt. Nach 800-jähriger Zugehörigkeit zum Kurfürstentum

Mainz wechselte Erfurt 1802 in den Wirren der napoleonischen Zeit zum Königreich Preußen. Aus der späteren Rückschau begann hiermit in den Augen vieler Erfurter der Wiederaufstieg nach der kurmainzischen Zeit. In der Festzeitschrift zum 100. Jubiläum 1902 erhebt Stadtarchivar Alfred Overmann die „Preußenzeit" sogar zum

Höhepunkt der Stadtgeschichte: „Thüringens Hauptstadt feiert einen Jubeltag, der einzig dasteht in der Geschichte der Stadt. Für Erfurt brach mit der Vereinigung mit dem Königreich Preußen eine neue Geschichte an, segensreicher als alle früheren Zeitläufe, mögen sie noch so glänzend erscheinen." Sicher wird man dies heute weniger euphorisch bewerten, aber tatsächlich vollzog sich der Weg zur Industriegroßstadt unter dem preußischen Adler.

*Ehemaliges Kaufhaus Römischer Kaiser (heute: Anger 1)*

*Preußisches Wappen an
der Petersberg-Wache*

Allerdings war der Start etwas holprig. Kurz nachdem seit Sommer 1802 preußische Soldaten und Beamte keineswegs immer zur Begeisterung der Bevölkerung die neue Landesherrschaft zu errichten begonnen hatten, war Selbige auch schon wieder vorbei. Auf die preußische Niederlage bei Jena und Auerstedt 1806 folgte das Intermezzo als „kaiserliche Domäne" Napoleons. Im September und Oktober 1808 fand der glanzvolle „Erfurter Fürstenkongress" statt, auf dem der Kaiser der Franzosen in Anwesenheit vieler deutscher Monarchen das Bündnis mit Zar Alexander I. von Russland erneuern wollte. Napoleon empfing in der Statthalterei am Hirschgarten, jetzt „Kaiserlicher Palast", Gäste zum Morgenempfang, darunter am 2. Oktober den deutschen „Dichterfürsten" Goethe. Allabendlich fanden Theateraufführungen der Comédie-Française im späteren „Kaisersaal" statt. Doch Napoleon konnte sich nicht dauerhaft mit dem Zaren einigen und brach 1812 mit seiner Grande Armée zum verhängnisvollen Feldzug Richtung Moskau auf. Nach der Leipziger Völkerschlacht im Oktober 1813 belagerten alliierte Truppen monatelang das französisch besetzte Erfurt. Bei einem schweren Bombardement am 6. November 1813 wurden unter anderem das Peterskloster und ein Wohnviertel auf dem nördlichen Domplatz zerstört. Bis Mai 1814 gelangte die Stadt samt Zitadelle Petersberg wieder in preußische Hand.

## Preußenzeit

Der Wiener Kongress 1815 sprach Erfurt endgültig Preußen zu. Es war fortan Verwaltungszentrum des Regierungsbezirkes Erfurt, der zur Provinz Sachsen mit der Hauptstadt Magdeburg gehörte. Dem preußischen Thüringen standen weiterhin die Kleinstaaten der Ernestiner, Schwarzburger und Reußen gegenüber.

Den Beginn des Industriezeitalters markiert der Anschluss an das Eisenbahnnetz 1847. Man konnte 1850 von Berlin über Erfurt bis Frankfurt fahren,

1869 folgte die Strecke nach Nordhausen, 1883 die nach Sangerhausen. Erfurt war Sitz der thüringischen Eisenbahnen, die größtenteils in den Besitz des preußischen Staates gelangten. Von großer historischer Bedeutung war es, dass Preußen die Verbindung von Halle Richtung Rheinprovinz entlang der Städteachse Naumburg–Weimar–Erfurt–Gotha–Eisenach verlegte. Weitsichtige Erfurter um Stadtrat Karl Herrmann hatten sich hierfür eingesetzt. Am 22. März 1847 fuhr der erste Zug von Weimar in Erfurt ein, „begrüßt vom Jubel der Volksmenge". Er musste noch die Festungsanlagen passieren, als Bahnhof fungierte die spätere Reichsbahndirektion. Nach der Entfestigung Erfurts wurde der heutige Hauptbahnhof 1889–1893 errichtet. Das neue Verkehrsmittel wurde zugleich wirtschaftlicher Katalysator der Industrialisierung, von der die Stadt etwa durch die 1857 gegründete Lokomotivenfabrik Hagans profitierte.

Das wirtschaftlich aufstrebende Bürgertum verlangte nunmehr immer lautstärker liberale Grundrechte und einen deutschen Nationalstaat. Während der Revolution 1848/49 kam es in Erfurt zu schweren Straßenkämpfen. Nach deren

*Hauptbahnhof und ICE-Knoten*

Niederschlagung folgte das Erfurter Unionsparlament 1850, das im Kompromiss von Liberalen und preußischem König eine nationale Verfassung ausarbeiten sollte. An den rasch gescheiterten Verhandlungen im Augustinerkloster nahm auch der junge Otto von Bismarck teil, woran ein Denkmal am Anger erinnert. Als „eiserner Kanzler" realisierte er zwei Jahrzehnte später die Reichseinigung 1871 durch „Eisen und Blut", was große Teile der Bürgerschaft bejubelten. Preußisch-deutscher Nationalismus wurde zur vorherrschenden Anschauung, der unter anderem im Bismarckturm im Steiger (1901) dauerhafte Gestalt gewonnen hat.

Die „Gründerjahre" nach 1871 brachten auch den endgültigen Durchbruch zur modernen Industriegroßstadt. Mit Aufhebung der Festungsfunktion 1873 erfolgte die rasante Vergrößerung der Stadt. Im Norden und Osten wuchsen Industrie und Arbeitersiedlungen, im Süden und Westen gehobene Wohnquartiere. Als markante Neubauten entstanden unter anderem das neue Rathaus, der Hauptbahnhof, die Hauptpost, das „Kaufhaus Römischer Kaiser" (Einkaufsgalerie Anger 1) und

*Kongresszentrum „Kaisersaal" in der Futterstraße*

das Hotel „Erfurter Hof". Die Infrastruktur wurde modernisiert, es entstanden der Flutgraben und der heutige Juri-Gagarin-Ring, der Hauptfriedhof, das Städtische Krankenhaus, die Straßenbahn, Wasserleitung und Kanalisation. Seit den 1890er-Jahren erfolgte die Umgestaltung von Anger und Bahnhofstraße im Stil der Gründerzeit. Die Einwohnerzahl stieg rasant von 44.000 (1871) auf 100.000 (1906). Nach der Eingemeindung Ilversgehofens 1911 waren es 130.000.

Erfurt bot nun das Bild einer spannungsreichen Industriegroßstadt, gespalten in ein Bür-

# Gründerzeit

ger- und Arbeitermilieu. Es ging dabei nicht nur als bedeutende Hochburg der Sozialdemokratie, sondern auch als Ort eines ihrer wichtigsten Parteitage in die Geschichte ein. Im Oktober 1891 fand unter der Leitung von „Arbeiterkaiser" August Bebel der Erfurter Parteitag der SPD im „Kaisersaal" statt. Die 235 Delegierten beschlossen dabei das für Jahrzehnte wegweisende Erfurter Programm, das internationalen Vorbildcharakter trug. Auf die immer drängendere „soziale Frage" sollten sowohl mit marxistischer

Ideologie, als auch mit pragmatischen Zielen wie Achtstundentag, Verbot der Kinder- und Nachtarbeit, freies Koalitions- und Wahlrecht, Antworten gefunden werden.

Erfurt durchlebte auch das „Zeitalter der Extreme" zwischen Erstem Weltkrieg 1914–1918 und dem Ende des Ost-West-Konfliktes um 1990 besonders intensiv. Die 1918 ausgerufene Weimarer Republik war zunächst von sozialer Not und Bürgerkrieg gekennzeichnet. Der blutige Kapp-Putsch vom März 1920 und die Hochinflation vom Herbst 1923 bildeten die traurigen Höhepunkte.

**Zeitalter der Extreme** Hierauf brachten die „Goldenen Zwanziger" einen gewissen Aufschwung und städtebauliche Impulse (Wohnquartiere und Bauten im Bauhaus-Stil, Nordpark mit Nordbad, Flughafen am Roten Berg, Stadion). Das Angermuseum gehörte zu den Brennpunkten der kulturellen Moderne. An jene Blütezeit des Expressionismus erinnert unter anderem noch der Wandbildzyklus „Lebensstufen" von Erich Heckel. Die kurze Erholungsphase der Republik wurde jäh beendet von der Weltwirtschaftskrise ab 1929, die Mas-

*Erinnerungsort „Topf & Söhne"*

senarbeitslosigkeit und Elend mit sich brachte. Dies trug wesentlich zur „Machtergreifung" der Nationalsozialisten 1933 bei. Erfurt stand zwar während des Dritten Reiches im Schatten der NSDAP-Gauhauptstadt Weimar, wurde aber besonders als Militär- und Rüstungszentrum ausgebaut. Auf die enge Verstrickung von Gesellschaft und Wirtschaft in die beispiellosen NS-Verbrechen weist heute der Erinnerungsort „Topf & Söhne" auf einem ehemaligen Werksgelände im Süden der Stadt hin. Das gleichnamige Unternehmen hatte ohne Zwang und mit viel Eigeninitiative die KZ-Krematorien von Buchenwald bis Auschwitz errichtet. Im Zweiten Weltkrieg

1939–1945 verliefen die Luftangriffe und Kampfhandlungen, denen rund 1.600 Bürger zum Opfer fielen, vergleichsweise glimpflich. Diesem Umstand verdankt Erfurt sein in weiten Teilen erhaltenes historisches Stadtbild.

1945 begann der Aufbau der SED-Herrschaft in der Sowjetischen Besatzungszone bzw. DDR, zu der Erfurt fortan gehörte. Mit dem Mauerbau 1961 schien die deutsche Teilung endgültig betoniert.

**Willy Brandt** Das erste deutsch-deutsche Gipfeltreffen mit Willy Brandt und Willi Stoph am 19. März 1970 im Hotel „Erfurter Hof" zeigte jedoch die latenten Einheitshoffnungen. Tausende Erfurter durchbrachen die Absperrungen am Bahnhofsvorplatz und riefen den populären Bundeskanzler an ein Hotelfenster, worauf unbeschreiblicher Jubel ausbrach. An die weltweit mit großem Interesse wahrgenommenen Rufe der Erfurter erinnert heute die Leuchtschrift „Willy Brandt ans Fenster" auf dem ehemaligen Hotelgebäude vis-à-vis vom Hauptbahnhof.

Im Land Thüringen 1945–1952, das erstmals weitgehend den heutigen Gebietsstand umfasste, hatte

*Das ehemalige Hotel „Erfurter Hof" ist heute ein Geschäftshaus*

Erfurt von Weimar die Hauptstadtrolle übernommen. Auch als DDR-Bezirksstadt nach Auflösung der Länder 1952 nahm es eine dynamische Entwicklung. Erfurt war Sitz großer Kombinate der Lebensmittel-, Schuh- und Metallindustrie. Pressen der Marke „Umformtechnik" und Schreibmaschinen von „Optima" gingen in alle Welt. In der späten DDR wurde die Mikroelektronik angesiedelt. Die Bevölkerungszahl stieg von 1949 bis 1989 von 180.000 auf 220.000. Ab 1966 entstanden die „Neubaugebiete" aus Wohnhäusern in Fertigteil-Bauweise. Den Anfang machte der Johannesplatz. In den 1970er- und 1980er-Jahren wuchsen im

Norden (Rieth, Berliner Platz, Moskauer Platz, Roter Berg) und Südosten (Herrenberg, Wiesenhügel, Drosselberg, Buchenberg) ganze Trabantenstädte auf der grünen Wiese. Parallel baute man am Juri-Gagarin-Ring als Teil einer noch radikaler geplanten Umgestaltung der Innenstadt ebenfalls Plattenbauten. Besonders das 1969–1979 errichtete Interhotel „Kosmos" (heute „Radisson") prägt das Stadtbild wesentlich mit.

## Pulsierende Landeshauptstadt

Neben den Hochschulgründungen der 1950er-Jahre konnte sich der Kultur- und Freizeitbereich weiterentwickeln. Oper, Schauspiel, Kabarett und Puppenspiel genossen einen guten Ruf, die Museumslandschaft wurde erweitert, Kunsthandwerk und Volkskunst bekamen eigene Veranstaltungsreihen. Die Gartenbauausstellung „iga" avancierte seit 1961 ebenso wie der 1959 eröffnete Thüringer Zoopark am Roten Berg zum großen Publikumsmagneten. Als Leistungssportzentrum gewannen Erfurter Athleten zahlreiche WM- und Olympia-Medaillen, der FC Rot-Weiß Erfurt errang (noch unter dem Namen Turbine) 1954 und

955 zweimal den DDR-Meistertitel. Dennoch war in den späten 1980er-Jahren der Niedergang des SED-Staates auch in Erfurt nicht mehr zu übersehen. Es spielte in der friedlichen Revolution mit der ersten Besetzung einer Stasi-Bezirksverwaltung am 4. Dezember 1989 durch mutige Bürger eine bedeutende Rolle. Hieran wird in der Gedenkstätte Andreasstraße im ehemaligen Stasi-Untersuchungsgefängnis erinnert.

Heute ist Erfurt das pulsierende Herz des Freistaates Thüringen und seit der deutschen Wieder-

*Altstadtmodell am Rathaus*

vereinigung am 3. Oktober 1990 dessen Landeshauptstadt. Der Wandel von der Industriestadt zur Verwaltungs- und Dienstleistungsstadt war zunächst auch mit schmerzhaften Einschnitten wie hoher Arbeitslosigkeit verbunden, die Einwohnerzahl sank kurzzeitig auf unter 200.000. Mittlerweile profitiert der Wirtschaftsstandort Erfurt dank neuer Autobahnen und ICE-Knotenpunkt jedoch wieder von seiner Lage in der Mitte Europas. Die Metropole Thüringens zählt gegenwärtig 215.000 Einwohner mit steigender Tendenz. Sie ist Sitz des Bundesarbeitsgerichtes, des MDR-Landesfunkhauses und Kinderkanals KIKA, der zweitgrößten mitteldeutschen Messe, belebter Kongresszentren, einer Universität und Fachhochschule. Die große Tradition als Blumenstadt erfährt mit der Bundesgartenschau 2021 neue Impulse. Am deutlichsten spiegelt sich die jüngste Erfolgsgeschichte Erfurts wohl in der Renaissance der Altstadt, die 1989 in weiten Teilen vom Verfall bedroht war. Ihre bedeutenden historischen Erinnerungsorte untermauern den Anspruch auf den UNESCO-Welterbestatus und beflügeln den Tourismus.

# Literaturhinweise

Martin Baumann/Steffen Raßloff (Hg.): Blumenstadt Erfurt. Waid – Gartenbau – iga/egapark, Erfurt 2011.

Willibald Gutsche (Hg.): Geschichte der Stadt Erfurt, Weimar 1986 (2. Auflage 1989).

Almuth Märker: Geschichte der Universität Erfurt 1392–1816, Weimar 1993.

Thomas Nitz: Stadt – Bau – Geschichte. Stadtentwicklung und Wohnbau in Erfurt vom 12. bis zum 19. Jahrhundert, Berlin 2005.

Steffen Raßloff: Flucht in die nationale Volksgemeinschaft. Das Erfurter Bürgertum zwischen Kaiserreich und NS-Diktatur, Köln/Weimar/Wien 2003.

Steffen Raßloff (Hg.): „Willy Brandt ans Fenster!" Das Erfurter Gipfeltreffen 1970 und die Geschichte des „Erfurter Hofes", Jena 2007.

Steffen Raßloff u. a. (Hg.): Orte der Reformation. Erfurt, Leipzig 2012.

Steffen Raßloff: Geschichte der Stadt Erfurt, Erfurt 2012 (5. Auflage 2019).

Ulman Weiß (Hg.): Erfurt 742–1992. Stadtgeschichte und Universitätsgeschichte, Weimar 1992.

Ulman Weiß (Hg.): Erfurt – Geschichte und Gegenwart, Weimar 1995.

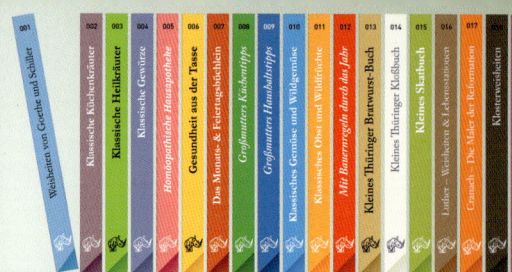

001 Weisheiten von Goethe und Schiller
002 Klassische Küchenkräuter
003 Klassische Heilkräuter
004 Klassische Gewürze
005 Homöopathische Hausapotheke
006 Gesundheit aus der Tasse
007 Das Monats- & Feiertagsbüchlein
008 Großmutters Küchentipps
009 Großmutters Haushaltstipps
010 Klassisches Gemüse und Wildgemüse
011 Klassisches Obst und Wildfrüchte
012 Mit Bauernregeln durch das Jahr
013 Kleines Thüringer Bratwurst-Buch
014 Kleines Thüringer Klößbuch
015 Kleines Skatbuch
016 Luther – Weisheiten & Lebensweisen
017 Cranach – Die Maler der Reformation
018 Klosterweisheiten
019 Großmutters Gesundheitstipps

039 Großmutters Handwerkstipps
040 Weisheiten für den Gartenfreund
041 Kleines Ringelnatz-Buch
042 Das kleine Waldbeerenbuch
043 Das kleine Hochzeitsbuch
044 T. Müntzer – Stimmen seiner Ideen und Wirken
045 Kleine Geschichte der Stadt Erfurt
046 Kleine Geschichte der Stadt Gotha
047 Auf den Spruch geklopft
048 Der Harz von A bis Z
049 Das kleine Straußbuch
050 Ilmenau von A bis Z
051 Futtern sie bei Luthern
052 bauhaus
053 Bibelsprüche
054 Das kleine Buch der Wettiner
055 Die Thüringer Landgrafen
056 Kleine Geschichte Thüringens
057 Der Rasende Roland

Marzipan & Nougat – Genüsse von Welt

Kleines STEAK BUCH

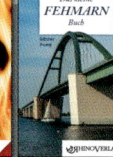
Das kleine FEHMARN Buch

Kluge Köpfe ROLLEN AM SCHNELLSTEN
Siegbert Kartsch

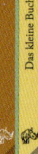

Komplettes Programm
im Internet: shop.vggh.de

Neuerscheinungen :

**Die Rhino-Westentaschen-Bibliothek**

Top row (numbers 022–038):

- 022 Pearls of Wisdom by Goethe & Schiller
- 023 Thüringer Schlösser
- 024 Thüringer Burgen
- 025 J. S. Bach – Stationen seines Lebens und Wirkens
- 026 Thüringer Kuchen & Plätzchen
- 027 Kleines Kürbisbuch
- 028 Buddhistische Weisheiten
- 029 Großmutters Gartentipps
- 030 Weimar von A bis Z
- 031 Kleines Berliner Mauerbuch
- 032 Rügen von A bis Z
- 033 Das kleine Ostseemöwen-Buch
- 034 Sojourns and Sayings of Martin Luther
- 035 Iga, egepark, BUGA – Blütenstadt Erfurt
- 037 Kleines Thüringer Bierbuch
- 038 F. Fröbel – Stationen seines Lebens und Wirkens

Second row (numbers 060–076):

- 060 Wiederentdeckte Kräuter
- 061 Besondere Kirchen in Thüringen
- 062 Kleine Geschichte Sachsens
- 063 Theodor Fontane – Ian, auf, Jandib
- 064 Das kleine Weimarbuch
- 065 Der Brocken – Mythos und Wirklichkeit
- 066 Das kleine Buch der Thüringer Trachten
- 067 Kleines Tuchtolkylbuch
- 048 Der Molli
- 069 Kleine Geschichte Rostocks
- 070 Beethoven – Persönlichkeit, Schaffen, Wirken
- 071 Kleine Geschichte der Hanse
- 072 Kleine Geschichte der Stadt Dresden
- 073 Die Kratnerbrücke
- 074 Künstenwind küsst Wüstenkind
- 075 August der Starke
- 076 Kleines Thüringer Weinbuch

Thüringer TAPAS

Kleine GESCHICHTE der Stadt LEIPZIG

KLEINES THÜRINGER PORZELLAN BUCH

RHINOVERLAG

RHINOVERLAG

RHINOVERLAG

rühjahr 2020

RHINOVERLAG